ETROITEMENT UNIS ENSEMBLE

L'unité du Corps de Christ, est-elle possible?
Ces os peuvent-ils vivre?

Une compilation de deux articles parlant du même sujet: l'unité du Corps de Christ, par

Derek Prince

ISBN 978-2-911537-89-9

Originally published in English as a series of articles in 'New Wine' under the title 'Fitly joined together' and 'Can these bones live?'

Traduit avec permission de Derek Prince Ministries International USA, P.O. Box 19501, Charlotte, North Carolina 28219-9501, USA.

Sauf autre indication, les citations bibliques de cette publication sont tirées de la traduction Louis Segond "Nouvelle Edition".

Publié par Derek Prince Ministries France, 2007.

Dépôt légal: 1e trimestre 2007.

Couverture faite par Damien Baslé, tél./fax 04 75 59 77 44.

Imprimé en France.

Pour tout renseignement:
DEREK PRINCE MINISTRIES FRANCE
9, Route d'Oupia, B.P.31, 34210 Olonzac FRANCE
tél. (33) 04 68 91 38 72 fax (33) 04 68 91 38 63
E-mail info@derekprince.fr * www.derekprince.fr

ETROITEMENT UNIS ENSEMBLE

L'unité du Corps de Christ, est-elle possible?

Le sujet dont j'aimerais vous parler est celui d'amener le peuple de Dieu à l'unité. Dans l'évangile de Jean au chapitre 17, le Seigneur Jésus prie le Père pour tous ceux qui croiront en son nom. Il prie que tous soient un, comme lui et le Père sont un, afin que le monde croie et sache que le Père l'a envoyé.

Je suis missionnaire de cœur. J'ai été missionnaire dans deux pays. Chaque fois qu'on envoyait des missionnaires, j'aurais aimé y aller moi aussi. Je crois passionnément à l'évangélisation - prêcher l'évangile du royaume à toutes les nations avec les signes qui accompagnent - mais je suis assez réaliste pour reconnaître qu'aucune de ces activités ne présentera au monde entier le défi du message de Christ. La seule façon pour que le monde croie au message, c'est que le peuple de Dieu soit amené à l'unité.

En repensant à la conférence sur le renouveau charismatique en 1977 à Kansas City[1], le monde ne pouvait pas ignorer le spectacle de 45 à 55 000 chrétiens de tous les milieux possibles venant ensemble dans l'amour pour adorer le même Seigneur et proclamer sa vérité. Si nous voulons confronter le monde avec la vérité de l'évangile, c'est là la façon biblique prévue par Dieu. C'est en étant un, ensemble, que le monde croira et qu'il la connaîtra.

En 1944, j'étais soldat dans l'armée britannique et je me trouvais dans la ville de Jérusalem vers Pâques. Le soir du vendredi saint, je suis allé au jardin de Gethsémané pour passer du temps dans la prière. Sur le chemin, le Seigneur m'a parlé: "Je veux que tu pries pour que mon peuple soit un." J'y repense avec honte et gêne parce que je n'ai pas pris ce commandement au sérieux. Je n'arrivais tout simplement pas à concevoir que cela puisse se passer, alors je n'ai rien fait du tout pendant de nombreuses années.

---

[1] Ce message a été écrit en 1977, n.d.t.

Mais le Saint-Esprit, à travers les Ecritures a commencé à me confronter au défi de l'unité chrétienne et je me suis mis à en parler pour la forme. J'ai commencé à dire: "Quand nous serons un, le monde saura." Mais savez-vous ce que j'entendais par devenir un? Tout le monde devait devenir comme moi! Alors nous serions un! Je me préparais à attendre passivement que cela arrive parce que dans mon cœur je ne croyais pas cela possible.

Mais particulièrement durant ces trois dernières années, en partie à travers des contacts avec des leaders de mouvements charismatiques de milieux différents du mien, Dieu a commencé à ouvrir mes yeux sur la façon dont nous pourrions effectivement et concrètement devenir un - non pas dans un futur lointain, mais dans cette génération. Je crois que c'est une possibilité concrète maintenant. En fait je crois que c'est ce que Dieu est en train de faire à travers le Saint-Esprit.

VOICI COMBIEN IL EST BON ET AGREABLE

J'aimerais vous donner quelques pensées bibliques de base sur la voie vers l'unité. Je prendrais ces pensées dans deux passages du livre des psaumes. Le premier est le Psaume 133:

"Voici, oh! qu'il est agréable, qu'il est doux pour des frères de demeurer ensemble! C'est comme l'huile précieuse qui, répandue sur la tête, descend sur la barbe, sur la barbe d'Aaron, qui descend sur le bord de ses vêtements. C'est comme la rosée de l'Hermon, qui descend sur les montagnes de Sion; car c'est là que l'Eternel envoie la bénédiction, la vie pour l'éternité."

Le premier verset dit: "Voici, oh! qu'il est agréable, qu'il est doux pour des frères de demeurer ensemble!" Je crois que nous devons souligner le mot "demeurer". Aujourd'hui le concept de la communauté chrétienne gagne rapidement du terrain dans différentes parties de l'église. Si vous voulez un fondement biblique à cette idée, je dirais que vous le trouvez dans ces paroles: "Voici, oh! qu'il est agréable, qu'il est doux pour des frères de demeurer ensemble!"

Je ne parle pas d'une communauté où tout le monde vivrait nécessairement sous le même toit, ni du cas où plusieurs familles vivraient ensemble. Je ne suis ni pour ni contre. Ce dont je parle ici ce sont des frères et sœurs en Christ qui partagent leur vie ensemble sur une base permanente et continuelle. Je crois que c'est le dessein de Dieu; c'est ce qu'il s'attend à voir.

L'Ecriture dit qu'il est agréable et doux, mais il y a une chose qu'elle ne dit pas, c'est que c'est très difficile. C'est facile de venir à l'église le dimanche matin, d'apprécier la louange et la prédication, de ressentir une bonne ambiance fraternelle, de serrer quelques mains et de dire: "Dieu te bénisse mon frère, on se voit la semaine prochaine." C'est facile et ça ne coûte pas grand chose.

Il m'est arrivé une fois de prêcher dans une église et à la fin du culte, le pasteur a dit: "Nous sommes tellement bien dans la présence du Seigneur, ne vous précipitez pas pour rentrer chez vous, restez et profitez de la communion fraternelle. Saluez une demi-douzaine de personnes." Je me suis dit: "Seigneur Jésus, est-ce là la communion fraternelle? Saluer une demi-douzaine de personnes puis s'en aller?"

C'est souvent là que nous en sommes. Mais Dieu parle de frères qui demeurent dans l'unité.

Les deux autres versets du Psaume 133 décrivent ce qui en découle. "C'est comme l'huile précieuse". (L'huile ointe qui était mise sur la barbe d'Aaron, le grand prêtre). L'huile ne peut couler que de haut en bas jamais de bas en haut. C'est une vérité profonde de base montrant que l'unité vient du haut vers le bas. Elle ne va pas de bas en haut.

Pendant de nombreuses années, j'ai travaillé pour amener le peuple de Dieu à l'unité en tenant des conférences. La plupart de ces conférences avaient deux choses en commun. Tout d'abord, 75% de ceux qui y assistaient étaient des femmes; ensuite, la plupart étaient membres d'une église, mais peu d'entre eux étaient responsables. Cela provoquait deux choses: cela rendait les femmes plus spirituelles que leurs maris et les brebis plus spirituelles que leurs bergers. Ainsi, en un sens, nous ne résolvions pas les problèmes mais nous les accroissions.

Je me suis rendu compte qu'il était vain de parler d'unir les brebis. Les brebis ne sont pas désunies. Les seules personnes qui ne sont pas unies, ce sont les bergers, ce sont eux qui ont des problèmes avec les brebis. Autrement dit, l'unité ne va pas des pieds à la tête mais de la tête aux pieds. C'est comme l'huile d'onction. Elle part de la tête et descend sur la barbe, sur le vêtement, et sur ses bords. Elle va de la tête vers le bas.

Avec l'unité, nous avons l'autorité. Vous pouvez voir cela illustré dans la famille. Si le père et la mère sont unis, il y a de l'unité dans la maison et ils ont de l'autorité. Mais si le père et la mère sont désunis, il n'y a pas d'unité, pas d'harmonie et pas d'autorité parce que les enfants vont toujours monter un parent contre l'autre. C'est aussi souvent vrai pour le Corps de Christ. Si les responsables ne sont pas unis, il ne peut pas y avoir d'unité ni d'autorité dans le corps de Christ et les membres du corps monteront les responsables les uns contre les autres.

Par exemple, il n'est pas rare de voir un homme qui se comporte mal dans une église, aller dans une autre église quand elle essaie de le discipliner. Il se fait accepter dans la deuxième église en critiquant la première et dans la deuxième église ils vont faire de lui un diacre ou ancien! Des responsables divisés ne peuvent pas exercer une autorité efficace. Dieu restaurera l'autorité qu'il veut pour l'église quand les dirigeants de l'église pourront agir ensemble.

En continuant au verset 3 du Psaume 133, nous voyons que l'unité est comparée à la rosée. Il y a beaucoup d'images dans l'Ecriture sur le Saint-Esprit. Beaucoup sont sensationnels comme le feu, le vent, la pluie. Mais j'aime celle de la rosée. La rosée est différente de la pluie. En général, on ne la voit pas, elle est silencieuse et très douce. Et pourtant elle est aussi rafraîchissante. Je crois que c'est ce que Dieu veut faire quand il rassemble son peuple. Il y aura une atmosphère qui ne sera pas nécessairement basée sur des manifestations violentes du Saint-Esprit, mais la douceur et la tendresse seront déversées sur le peuple de Dieu et ce sera très rafraîchissant.

Il est dit à la fin du Psaume 133: "… car c'est là que l'Eternel envoie la bénédiction." Nous nous battons souvent pour obtenir la bénédiction. Nous la recherchons, nous prions, nous jeûnons. Il est bon de faire ces choses. Mais comme il est bon de se trouver là où l'Eternel a ordonné la bénédiction. Quel est ce lieu? C'est là où le peuple de Dieu se rassemble, où les frères demeurent ensemble dans l'unité.

Pour en arriver là il faudra passer par beaucoup de découragements et de sacrifices. Cela nous demandera d'abandonner certains de nos préjugés, de ravaler notre orgueil, et d'abandonner notre vie les uns aux autres. Mais si nous avons la vision de notre but, nous désirerons faire ce sacrifice.

LA MAISON DE L'ETERNEL

Voici le deuxième passage que j'aimerais vous lire, Psaume 122:

"Je suis dans la joie quand on me dit, allons à la maison de l'Eternel. Nos pieds s'arrêtent dans tes portes, Jérusalem! Jérusalem tu es bâtie comme une ville dont les parties sont liées ensemble, c'est là que montent les tribus, les tribus de l'Eternel, selon la loi d'Israël pour louer le nom de l'Eternel; car là sont les trônes pour la justice, les trônes de la maison de David. Demandez la paix de Jérusalem, que ceux qui t'aiment jouissent du repos! Que la paix soit dans tes murs, et la tranquillité dans tes palais! A cause de la maison de l'Eternel, notre Dieu, je fais des vœux pour ton bonheur."

Vous remarquerez que le psaume commence et finit en parlant de la maison de l'Eternel. "Je suis dans la joie quand on me dit allons à la maison de l'Eternel." (verset 1) "A cause de la maison de l'Eternel, je fais des vœux pour ton bonheur." (v. 9)

Selon ce que je comprends des Ecritures, tout ce qui est promis à Jérusalem, à Sion et à Israël sera donné à Jérusalem, à Sion et à

Israël. Dieu n'a pas annulé ses engagements d'alliance envers Israël, le peuple juif ou la ville de Jérusalem. Mais en même temps, ce passage s'applique aussi au peuple de Dieu de la nouvelle alliance: l'Eglise de Jésus-Christ.

Je vais vous donner simplement un passage du Nouveau Testament pour appuyer cela et ensuite je l'appliquerai à nous dans l'église de Jésus-Christ aujourd'hui. Dans 1 Timothée 3:14-15 Paul écrit:

"Je t'écris ces choses, avec l'espérance d'aller bientôt vers toi, mais afin que tu saches, si je tarde, comment il faut se conduire dans la maison du Dieu vivant, la colonne et l'appui de la vérité."

Remarquez comment il définit "la maison de Dieu". Sur la base de l'autorité de Paul en tant qu'apôtre et sur ce que le Nouveau Testament dit, il est justifié de dire que la maison de Dieu est l'Eglise de Dieu. En gardant cela à l'esprit, revenons au Psaume 122:

"Je suis dans la joie quand on me dit: allons à la maison de l'Eternel. Nos pieds s'arrêtent dans tes portes, Jérusalem."

Autrement dit, nous allons aller à l'endroit où le peuple de Dieu est rassemblé en tant qu'Eglise.

Il est à noter que lorsque Israël habitait dans son pays sous l'ancienne alliance, Dieu demandait à chaque homme Israélite de quitter sa maison trois fois par an pour faire le voyage jusqu'à Jérusalem. Dieu le demandait à chaque Israélite. Le Psaume 122 est l'un des psaumes qui parle de cela, de la montée des hommes Israélites vers la ville de l'Eternel.

"Jérusalem, tu es bâtie comme une ville dont les parties sont liées ensemble." (verset 3) "Lier" signifie amener différents composants et les unir ensemble très fort. Je crois que c'est ce que Dieu veut faire - mettre beaucoup de groupes différents ensemble et les unir pour les lier ensemble afin qu'ils ne puissent plus bouger ni se séparer les uns des autres.

On trouve un beau parallèle dans Ephésiens 4:15-16 qui parle de Christ comme la tête du Corps de Christ. En parlant de lui comme de la tête, il est dit:

"C'est de lui que le corps tout entier tire sa croissance pour s'affermir dans l'amour, sa cohésion et sa forte unité lui venant de toutes les articulations dont il est pourvu, pour assurer l'activité attribuée à chacune de ses parties.." (Semeur, verset 16)

Ce que j'aime dans la version Semeur, c'est l'emploi du mot "cohésion". On retrouve ici encore une fois l'idée de nombreux membres ayant différentes fonctions et différentes capacités. Tous sont mis ensemble, joints et unis de façon si efficace et puissante qu'ils deviennent complètement un. Encore une fois, je crois que c'est le but de Dieu aujourd'hui - faire des différents membres un solide assemblage pour former un seul corps fonctionnel -tous unis à la tête.

MONTER PAR TRIBUS

Revenons au Psaume 122:4: "C'est là que montent les tribus, les tribus de l'Eternel, selon la loi d'Israël, pour louer le nom de l'Eternel." Cela nous parle de Jérusalem comme du point de ralliement du peuple de Dieu. Dieu m'a une fois parlé et m'a dit: "C'est le témoignage que tout mon peuple se réunit ensemble à un endroit pour me remercier. C'est ce qui me révèle aux nations alentours. La vue de mon peuple quittant ses maisons et venant ensemble à un endroit prévu pour louer mon nom - c'est là le témoignage d'Israël. C'est ainsi qu'Israël en tant que nation témoigne que l'Eternel est son Dieu."

J'aimerais attirer votre attention sur le fait que les Israélites n'y allaient pas individuellement. Ils montaient par tribu - chacun dans sa tribu particulière, avec son responsable. C'est, je crois, la clé à l'unité effective du peuple de Dieu. Nous ne nous unissons pas en tant qu'individus, mais nous pouvons être unis en tant que tribus. Si nos responsables montent ensemble, chaque tribu suivra; la tribu baptiste, la tribu catholique, la tribu luthérienne, la tribu pentecôtiste, la tribu mennonite, la tribu sans dénomination.

J'ai été associé au mouvement charismatique de ce pays pendant plus de treize ans et je vois un réel changement se profiler. Avant, on insistait sur le fait que des individus recevaient Dieu et ses bénédictions: guérison, délivrance, dons spirituels… mais aujourd'hui, les choses changent. On insiste aujourd'hui sur le fait de trouver sa place, intégrer un corps, se placer sous l'autorité, accepter la discipline. Vous serez ainsi prêts pour ce que Dieu veut faire ensuite.

Je crois que la dernière manifestation de Dieu ne concernera pas des individus. Ce sera une manifestation sur des corps. Je tire cela d'Ezéchiel 37 où nous trouvons la vision de la vallée des ossements desséchés.[2] Dans cette vision, il y a deux mouvements souverains de Dieu à travers deux actes du prophète Ezéchiel. La première fois Ezéchiel prophétise sur les os. La deuxième fois, il prophétise aux vents: l'Esprit ou le souffle.

Prophétiser aux os, c'est prêcher. Prophétiser au souffle, c'est intercéder. Quand Ezéchiel a prophétisé sur les os, Dieu a fait bouger les os de façon surnaturelle. A la fin de ce mouvement, ils se sont rassemblés en un corps. Mais quand Ezéchiel a parlé au vent, ou au souffle, ou à l'Esprit, Dieu n'a pas bougé les os individuellement. il a bougé des corps entiers. Et ces corps entiers se sont levés sur leurs pieds et ont formé une grande armée.

C'est l'objectif de dieu: une armée très nombreuse! Et si vous êtes juste un os, et que vous ne trouvez pas votre place dans le corps, viendra un temps où Dieu bougera et vous ne le saurez pas, parce son mouvement final sera sur des corps et non sur des os.

Pour revenir au Psaume 122, nous y trouvons encore une fois la même vérité. Israël monte à Jérusalem pour adorer l'Eternel non pas en tant qu'individus, mais en tant que membres des tribus, chaque

---

[2] Voir aussi la deuxième parti de ce livre: 'Ces os, peuvent-ils vivre?'

tribu derrière son chef. C'est je crois ce que Dieu veut faire aujourd'hui.

LE LIEU DU GOUVERNEMENT ET DU JUGEMENT

Le verset 5 du Psaume 122 dit: " Car là sont les trônes pour la justice, les trônes de la maison de David." Ce verset parle de deux choses: du jugement et du gouvernement. Je crois qu'il parle du peuple de Dieu qui revient sous l'autorité divine.

Nous sommes les vecteurs prévus par Dieu pour gouverner le monde maintenant, et la Bible dit que dans l'avenir nous jugerons les anges. Mais je ne crois pas que Dieu puisse confier à une église divisée, au sein duquel il y a du désaccord, l'autorité pour juger ou gouverner. Dieu dit: "quand vous vous rassemblez, quand vous êtes sous l'autorité alors vous trouvez la place du trône, la place du jugement et du gouvernement." Je crois que Dieu attend de son peuple qu'il exerce son autorité souveraine dans les affaires de ce monde, qu'il gouverne avec le sceptre de prière étendu de Sion. (Voir le Psaume 110) Pour cela, nous devons tout d'abord remplir les conditions.

J'aimerais parler ici très brièvement du jugement et du gouvernement. Dans le Nouveau Testament, les Ecritures sur le jugement sont un peu compliquées à mettre en place parce qu'un passage dit: "Ne jugez pas afin que vous ne soyez pas jugés", (Matthieu 7:1) alors qu'ailleurs il est dit: "Ne savez-vous pas que nous jugerons les anges? Et nous ne jugerions pas, à plus forte raison, les choses de cette vie?" (1 Corinthiens 6:3) Paul dit aussi de juger ceux du dedans. (1 Corinthiens 5:12) Il y a donc contradiction apparente entre le jugement et le non-jugement. J'ai médité cela pendant des années et je crois que le Seigneur m'a montré un principe de base par lequel nous pouvons obtenir la réponse.

Si nous parcourons la Bible, nous verrons que le jugement est toujours la fonction de celui qui dirige. A un moment de l'histoire d'Israël, les juges étaient les dirigeants. C'est alors que Dieu a instauré des rois, et les rois sont devenus juges. Nous devons comprendre que sous la monarchie il n'y avait pas de cour suprême.

La cour suprême, c'était le roi et le roi était le juge. Autrement dit, le jugement et le gouvernement vont toujours de paire. On ne peut pas les séparer.

Si nous comprenons cela, nous comprenons ce qu'on peut juger et ne pas juger. Si je suis appelé à diriger, je dois aussi juger. En tant que chef de ma maison, en tant que père, je dois diriger ma maison pour Dieu. Ainsi, je suis le juge de ma maison. Je règle les disputes entre mes enfants, je détermine quel sorte de programme télé on peut voir ou ne pas voir. Je détermine quel genre de loisirs nous avons, je choisis les lectures que nous faisons. Je suis responsable de juger ma maison parce que je suis responsable du gouvernement de ma maison. Mais si je commence à juger la maison de mon frère, je ne suis plus juge: je me mêle de ce qui ne me regarde pas. Il est de sa responsabilité de juger sa maison. Si j'ai une responsabilité dans l'église en tant qu'ancien, l'une de mes premières fonctions est de diriger. Ainsi, en tant qu'ancien, je dois juger l'église du Seigneur, pour régler les disputes, pour déterminer ce qui est juste, ce qui est bon, pour déterminer la politique générale de la marche du peuple de Dieu. Mais si je commence à juger une autre église, je ne suis plus juge, je me mêle de ce qui ne me regarde pas.[3]

Savez-vous ce qu'est le grand problème du peuple de Dieu? Beaucoup d'entre nous, nous sommes occupés de ce qui ne nous regardait pas. Nous nous sommes occupés de juger ceux qui n'étaient pas sous notre autorité. Et savez-vous ce que cela produit en général? Nous ne jugeons pas là où nous devrions juger. L'homme ou la femme qui est toujours en train de critiquer les enfants de ses voisins ne s'occupe en général pas beaucoup des siens.

Voici ce que Dieu nous dit aujourd'hui: "Si vous êtes luthérien, restez dans votre domaine d'autorité et ne jugez pas les catholiques, ce n'est pas votre travail. Si vous êtes catholique, restez dans votre domaine d'autorité et ne jugez pas les pentecôtistes, ce n'est pas votre affaire. Chacun d'entre nous a une zone d'autorité définie, dans

---

[3] Pour une étude plus approfondie, nous vous recommandons le livre 'Juger, comment, quand, pourquoi?'

laquelle nous pouvons juger. En dehors de cette zone, nous n'avons pas le droit de juger. En venant ensemble sous l'autorité de notre leader, nous venons dans le lieu du jugement et du gouvernement. Chaque leader de groupe est responsable pour sa propre tribu -et non pour les autres.

LA PAIX DE JERUSALEM

Allons maintenant au verset 6: "Demandez la paix de Jérusalem; ceux qui t'aiment prospéreront." (Darby) Je prie pour la paix de Jérusalem et d'Israël presque tous les jours et je peux témoigner de par mon expérience personnelle que cette promesse est vraie " ceux qui t'aiment prospéreront." Le mot traduit par prospérer ne désigne pas en premier lieu la prospérité financière bien que cela ne l'exclue pas. Cela signifie plutôt un sentiment de bien-être, de paix, la capacité de se relaxer. Je crois aussi que quand il est dit: "Priez pour la paix de Jérusalem" cela signifie prier pour la paix du corps de Christ. Nous ne devons pas nous sentir uniquement concernés par notre propre petite zone, mais par tous les besoins du Corps. Vous ne devez pas les juger; vous devez prier pour eux.

Au verset 7 il est dit: "Que la paix soit dans tes murs et la tranquillité dans tes palais" Je crois que c'est l'ordre divin. Quand nous avons la paix, nous avons la prospérité. Si nous sommes en guerre les uns contre les autres, en critiquant, en se montant les uns contre les autres, en se méprisant, nous ne connaîtrons pas la prospérité. D'abord la paix, ensuite la prospérité.

Enfin au verset 8: "A cause de mes frères et de mes amis, je désire la paix dans ton sein." J'aimerais ajouter un autre principe de base à celui-ci: nous devons éviter d'être centrés sur nous-mêmes, car la concentration sur soi, c'est la prison du diable. Plus le diable vous focalise sur vous-mêmes, plus il vous tient à sa merci. J'ai vu des centaines de personnes venir pour être délivrées d'esprits mauvais et l'un des traits communs à pratiquement tous c'est qu'ils étaient centrés sur eux-mêmes.

Nous devons dans un effort délibéré et par un choix de notre volonté briser les liens de l'égocentrisme. Ce que j'aime ici c'est "A cause de mes frères et de mes amis, je désire la paix dans ton sein." Il ne me suffit pas d'avoir la paix, il ne suffit pas que les choses aillent bien pour moi. Je dois me sentir concerné par les besoins de mes frères et de mes compagnons, des chrétiens d'autres milieux, d'autres dénominations, d'autres groupes de prière.

L'ATTITUDE EGOCENTRIQUE

Je lisais récemment un livre intitulé: "Le droit de vivre, le droit de mourir" du Dr C Everett Koop qui est professeur en chirurgie pédiatrique à l'université de Philadelphia et chrétien engagé. La majeure partie de son livre traite de la question de l'avortement. Après avoir lu ce livre, j'étais tellement dégoûté dans mon cœur par la pratique de l'avortement que je savais à peine comment gérer mes sentiments... Je voulais mettre en route une action, aider, faire une croisade contre cet acte. Puis je me suis souvenu que dans ma prédication j'avais parlé de ne pas simplement traiter les branches, ni même le tronc d'un arbre, mais d'atteindre les racines parce que si vous traitez les racines, le reste de l'arbre est traité.

Je me suis alors examiné et j'ai réalisé que couper la branche de l'avortement n'était pas suffisant. D'autres branches, presque aussi malsaines, croîtraient à sa place. Mais si vous traitez la racine, le reste de l'arbre suivra. Alors je me suis demandé quelle était la racine de l'avortement. La réponse qui m'est venue, c'est l'égoïsme. Il jaillit d'une attitude: "Je vais vivre ma vie à ma façon pour me faire plaisir, je vais avoir le maximum de plaisir et le minimum de responsabilités. Si un bébé vient, et que je n'en veuille pas, si cela ne me plaît pas, je m'en débarrasserai." Je crois que c'est cette attitude qui a donné naissance à la pratique de l'avortement.

A la lumière de cela, j'aimerais vous lire ces paroles de 2 Timothée 3:1-5:

"Sache que dans les derniers jours, il y aura des temps difficiles. Car les hommes seront égoïstes, amis de l'argent, fanfarons, hautains, blasphémateurs, rebelles à leurs parents, ingrats, irréligieux, insensibles, déloyaux, calomniateurs, intempérants, cruels, ennemis des gens de bien, traîtres, emportés, enflés d'orgueil, aimant le plaisir plus que Dieu, ayant l'apparence de la piété, mais reniant ce qui en fait la force."

Si vous regardez ces versets, vous verrez que c'est une liste comportant dix-huit tares ou défauts moraux qui seront caractéristiques des derniers temps. La parole de Dieu montre bien la cause. Quelle est la cause comme l'écriture dit: "... des temps difficiles"? Est-ce à cause de la bombe atomique ou de la fission nucléaire? Non, la cause c'est la détérioration du caractère humain. C'est la source du danger.

Si vous regardez cette liste, vous remarquerez qu'elle commence et qu'elle finit par les choses que les gens aiment. "Les gens seront égoïstes" (en anglais: "les gens s'aimeront eux-mêmes" n.d.t.) Le mot qui suit est "amis de l'argent", mais le grec dit "aimant l'argent". Si on va au dernier de la liste, on trouve "aimant le plaisir plus que Dieu." Il y a donc trois sortes d'amour qui corrompent la nature de l'homme - l'amour de soi, l'amour de l'argent et l'amour des plaisirs.

Si nous regardons à l'Amérique aujourd'hui, nous trouvons une culture qui est sans parallèle dans son abandon débridé à l'amour de soi, l'amour de l'argent et l'amour des plaisirs. C'est la source de notre problème: l'amour de soi.

Remarquez qu'il continue en disant: "... ayant l'apparence de la piété, mais reniant ce qui en fait la force."

Autrement dit, on ne parle pas ici de païens. Il s'agit de personnes qui vont à l'église, mais qui ont renié la puissance de Dieu en refusant à Dieu le droit de changer leur style de vie. "Nous irons à l'église, nous serons religieux, nous chanterons des cantiques, mais l'objet de notre affection sera toujours nous-mêmes."

LE REMEDE DE DIEU

Pour en revenir au Psaume 122, nous voyons le remède de Dieu à cet égocentrisme et à cet amour de soi. "A cause de mes frères et de mes amis, je désire la paix dans ton sein." Autrement dit, il y a quelque chose dans la vie qui est plus important que "moi". C'est le peuple de Dieu, la maison de Dieu. La question est: "vais-je passer ma vie à me faire plaisir, à chercher mon propre bien et à poursuivre ma propre ambition, ou vais-je vivre ma vie pour la gloire de Dieu, la maison de Dieu et le peuple de Dieu?" J'aimerais vous affirmer que c'est là le chemin du véritable bonheur.

Dans Matthieu 3:10, Jean Baptiste en présentant Christ et l'évangile dit: "Déjà la cognée est mise à la racine des arbres; tout arbre donc qui ne produit pas de bon fruit sera coupé et jeté au feu." La racine que nous devons couper si nous voulons l'unité, c'est celle de l'amour de soi. Je prie pour que Dieu me donne ainsi qu'au peuple de Dieu tout entier, la grâce de couper la racine de l'amour de soi et qu'il nous donne une vision de son peuple, de sa maison. Dieu dit au retour des exilés dans Aggée 1:4: "Est-ce le temps pour vous d'habiter vos demeures lambrissées, quand cette maison est détruite?" Quel était leur problème? L'amour de soi. Ils plaçaient leurs propres intérêts et leurs affaires avant la maison de Dieu, le peuple de Dieu et la gloire de Dieu.

J'aimerais vous affirmer qu'il est possible de changer notre société si nous allons l'influencer en aimant autre chose qu'eux-mêmes. Nous pouvons apprendre à prendre soin des faibles et à se sacrifier pour ceux qui n'y arrivent pas. Lors de la naissance du christianisme, on a fait ce commentaire: "les Juifs s'aimaient les uns les autres et s'entraidaient; mais les chrétiens aidaient ceux qui n'étaient pas chrétiens." C'est cela qui a étonné le monde païen antique et je crois que c'est ce que Dieu nous dit aujourd'hui. Quand le corps de Christ entrera dans l'unité, dans le but généreux de mettre la maison de Dieu et sa gloire au-dessus de ses propres intérêts et de ses affaires alors le monde le connaîtra vraiment et croira en Jésus, celui que Dieu a envoyé.

Ces os peuvent-ils vivre?

L'apparent chaos ecclésiastique de notre époque est-il le râle de mort de l'Eglise ou plutôt le temps où Dieu dévoile son plan directeur
pour le Corps de Christ?

Alors que j'étais pasteur d'une église, le Seigneur m'appela à un autre ministère. Quand j'ai informé l'assemblée de ma décision, la réponse immédiate fut: "Oh, ne partez pas! Si vous faites cela, toute l'œuvre ici va s'écrouler. "Eh bien" ai-je répondu, "si tout ce que je suis en train de faire ici consiste à bâtir quelque chose qui va s'effondrer, le plus tôt je partirai et le plus tôt tout s'effondrera, le mieux ce sera!" Je suis parti mais par la grâce de Dieu, l'œuvre ne s'est pas effondrée.

Hélas, cette réaction représente souvent l'attitude d'une majorité de chrétiens envers le ministère. Ils sont habitués à un "one man show", c'est à dire un seul homme qui porte tout le poids et qui fait tout le travail. Le drame, c'est que la plupart ne réalisent pas que cette façon d'opérer n'a jamais été celle que le Seigneur Jésus-Christ a voulue pour son Eglise. Cela dit, nous allons entamer une étude des cinq principaux ministères que le Seigneur Jésus-Christ a établis pour l'édification de son Corps. Ceux-ci sont énumérés dans Ephésiens 4:11 en tant qu'apôtres, prophètes, évangélistes, pasteurs (que je préfère appeler bergers) et docteurs de la Parole. La base de notre étude se trouve dans Ephésiens 4:1-16.

Je vous exhorte donc, moi, le prisonnier dans le Seigneur, à marcher d'une manière digne de la vocation qui vous a été adressée, en toute humilité et douceur, avec patience. Supportez-vous les uns les autres avec amour, en vous efforçant de conserver l'unité de l'Esprit par le lien de la paix. Il y a un seul corps et un seul Esprit, comme aussi vous avez été appelés à une seule espérance, celle de votre vocation; il y a un seul Seigneur, une seule foi, un seul baptême, un seul Dieu et Père de tous, qui est au-dessus de tous, parmi tous et en tous. Mais à chacun de nous la grâce a été donnée selon la mesure du don de Christ. C'est pourquoi il est dit: "il est monté dans les hauteurs, il a emmené des captifs, et il a fait des dons aux hommes. Or, que signifie: il est monté, sinon qu'il est aussi descendu dans les régions inférieures de la terre? Celui qui est descendu, c'est le même qui est monté au-dessus de tous les cieux, afin de remplir toutes choses.

C'est lui qui a donné les uns comme apôtres, les autres comme prophètes, les autres comme évangélistes, les autres comme pasteurs et docteurs, pour le perfectionnement des saints. Cela en vue de l'œuvre du service et de l'édification du corps de Christ, jusqu'à ce que nous soyons tous parvenus à l'unité de la foi et de la connaissance du Fils de Dieu, à l'état d'homme fait, à la mesure de la stature parfaite de Christ. Ainsi, nous ne serons plus des enfants, flottants et entraînés à tout vent de doctrine, joués par les hommes avec leur fourberie et leurs manœuvres séductrices, mais en disant la vérité avec amour, nous croîtrons à tous égards en celui qui est le chef, Christ. De lui, le corps tout entier bien ordonné et cohérent, grâce à toutes les jointures qui le soutiennent fortement, tire son accroissement dans la mesure qui convient à chaque partie, et s'édifie lui-même dans l'amour.

CARACTERISTIQUES ESSENTIELLES DU CARACTERE

Examinons ce passage des Ecritures pour mieux comprendre ce que Dieu pourrait nous dire au sujet de l'Eglise d'aujourd'hui. Paul, l'auteur de l'épître aux Ephésiens, commence ce chapitre en parlant du caractère du chrétien et en mettant un accent particulier sur l'humilité. Il dit: "Donc, moi, le prisonnier dans le Seigneur..." En accentuant ainsi sur l'humilité, il le fait d'une position bien appropriée à son thème..., il écrit depuis une prison. Remarquez le langage utilisé: "Je ... vous exhorte... "Il n'est pas en train de donner des ordres comme le ferait un dictateur spirituel, mais il supplie ses compagnons dans la foi à marcher dans l'amour pour leur propre bien et pour la gloire de Dieu. Que leur demande-t-il? "... de marcher d'une manière digne de la vocation qui vous a été adressée." Cette vocation est pour chaque chrétien et pas seulement pour ceux qui ont un ministère spectaculaire. Il annonce ensuite la façon selon laquelle nous devons tous marcher: "En toute humilité et douceur, avec patience. Supportez-vous les uns les autres avec amour." Voilà les exigences du caractère: l'humilité, la douceur, la patience, la tolérance et l'amour. Sans ces qualités de base dans la vie d'un chrétien, l'Eglise ne sera jamais établie. Il y a plusieurs années, j'ai fait des recherches pour essayer de découvrir le schéma directeur concernant l'organisation et la vie de l'Eglise. Après avoir trouvé ce que je pensais être le modèle biblique, j'ai voulu le transcrire en expérience pratique dans la vie des croyants. Mais je me suis immédiatement heurté à un problème. Quelle que soit la qualité du modèle ou l'intelligence de l'architecte qui l'a conçu, l'édifice ne peut être correctement construit sans les matériaux appropriés et qui correspondent pour cette construction.

Notre problème, alors, n'est pas seulement d'avoir la connaissance du modèle, mais encore de produire les matériaux corrects - les croyants de qualité que Jésus avait en vue quand il a conçu l'Eglise. Pour faire valoir cela, Paul a inséré les versets 9 et 10 afin de montrer comment Jésus a suivi le modèle de l'humilité. Il est descendu avant de monter. De même, il vous faut descendre avant de monter. Il vous faut devenir le serviteur avant de pouvoir conduire d'autres.

En poursuivant cette idée, Philippiens 2:5 nous dit qu'il nous faut: "avoir en nous la pensée qui était en Christ-Jésus", en d'autres termes, penser comme Jésus a pensé. Il est dit: "qu'il n'a pas estimé comme une proie à arracher d'être égal avec Dieu" - ou dans une traduction secondaire: "Il n'a pas estimé qu'il devait chercher à se faire de force l'égal de Dieu". Il n'avait pas à user de force car il était lui-même Dieu. Satan s'est élevé pour être égal à Dieu, a chuté, est tombé et il est resté à terre.[4]

Les versets qui suivent nous donnent un bel aperçu de l'humiliation et de l'exaltation du Seigneur Jésus. Il y a sept pas descendants et sept ascendants. Les versets 7 et 8 concernent son humiliation. Le verset 9 montre Jésus qui est exalté - non parce qu'il était Dieu, mais parce qu'il avait rempli les conditions et qu'il l'avait mérité. Il s'est humilié lui même jusqu'à l'extrême et il a été exalté jusqu'à l'extrême. Ce principe universel est affirmé dans Luc 14:11. "En effet, quiconque s'élève sera abaissé, et celui qui s'abaisse sera élevé." A nouveau, Proverbes 15:33 nous dit: "L'humilité précède la gloire". C'est là notre modèle de vie et il nous faut le garder à l'esprit tout au long de cette étude. Si nous nous en éloignons, notre compréhension restera théologique et ne se concrétisera jamais.

Une application de cette humilité dans le Corps de Christ se trouve dans Ephésiens 5:21: "Soumettez-vous les uns aux autres dans la

---

[4] Pour une étude plus approfondie sur ce sujet, nous vous recommandons le livre 'Pour s'élever, il faut s'abaisser'.

crainte de Christ." Revenons à Ephésiens 5:18 et remarquons que cela fait partie de ce que signifie être rempli du Saint-Esprit. Il est facile de se soumettre à Dieu en théorie, mais quand il s'agit de se soumettre les uns aux autres, il y a la mise en application du test. C'est là où l'on entre dans tout le thème de Paul. Pendant des années, dans le mouvement charismatique, les gens se sont montrés individualistes et se sont mis à dire: "Je suis libre... Je peux faire tout ce que je veux!" Cela n'est que la moitié de la vérité. En réalité, nous ne sommes libres que dans la mesure où nous sommes soumis à Dieu. Notre soumission à Dieu se révèle dans notre soumission les uns aux autres dans le corps de Christ.

L'UNITE DU SAINT-ESPRIT

Au verset 3 (Ephésiens 4), Paul nous dit: "En vous efforçant de conserver l'unité de l'Esprit..." Cela devrait être notre motivation. Dans tout ce que nous faisons et disons, notre but devrait être de nous garder d'endommager l'unité si précieuse du Saint-Esprit. Dieu donne l'unité, mais c'est notre responsabilité de maintenir ce qu'il nous donne.

Paul est maintenant prêt à poser la fondation des sept unités de base sur lesquelles cette unité du Saint-Esprit est fondée. Les voici: un Corps - l'Eglise de Jésus-Christ; un Esprit - le Saint-Esprit; une espérance - l'espérance de l'avenir, qui est le ciel; un Seigneur - le Seigneur Jésus; une foi - l'Evangile ou la Bible; un baptême... et c'est le plus épineux!

Je ne pense pas que vous puissiez dissocier ce baptême de celui mentionné ci-dessus, un *Seigneur* et une *foi*. C'est le baptême sur la base de la foi au Seigneur Jésus-Christ. Vous croyez, et ensuite vous êtes baptisé. Vous allez me demander: "Frère Prince, quelle est la formule correcte?" Je vous répondrai de cette façon: "Quel est le *résultat* correct ?", c'est l'ensevelissement et la résurrection en Jésus-Christ. Si cela a pris place, vous n'avez pas à vous préoccuper de la formule utilisée.

Enfin, la septième grande unité est un seul Père - Dieu est le Père de tous ses enfants.

LES DIFFERENTS MINISTERES

A partir de cette unité de base, la diversité des ministères est maintenant exposée. Nous lisons au verset 7: "Mais à chacun de nous, la grâce a été donnée...". En français courant, nous pouvons lire: "Cependant, chacun de nous a reçu un don particulier, conformément à ce que le Christ a donné". Remarquez qu'au verset 8, il est dit: "Quand il est monté sur les hauteurs... il a fait des dons aux hommes." Ce n'est qu'après être remonté au ciel, qu'il nous a donné ces dons du ministère. Il ne l'a pas fait durant son ministère terrestre mais après son ascension. (Cet élément de temps est important car nous verrons plus tard que Christ accorde toujours ces mêmes dons aujourd'hui).

En omettant la parenthèse des versets 9 et 10, nous passons au verset 11: "C'est lui qui a donné les uns comme apôtres, les autres comme prophètes, les autres comme évangélistes, les autres comme pasteurs et docteurs". Cinq ministères différents découlent de l'unité du Corps et de l'Esprit. Remarquez, s'il vous plaît, que chacun de ces ministères est donné selon la mesure du don de Christ (verset 7). Ce qui veut dire que c'est selon la mesure où Christ pourra manifester son ministère à travers elle, qu'une personne pourra opérer dans un ministère particulier. Christ est le modèle parfait pour les cinq ministères; il continue ces ministères à travers son Corps, l'Eglise. Si un homme a le ministère de "berger", puisque ce ministère vient de Christ, on peut dire que Christ prolonge son ministère de berger à travers cet homme.

Si tous les cinq ministères opèrent comme ils le doivent dans le corps de Christ, alors celui-ci pourra collectivement continuer le ministère de Jésus tel qu'il l'a exercé sur terre. C'est là le but des ministères. Nous n'avons pas besoin d'améliorer le ministère de Christ, nous devons en assurer la continuité. Regardons chacun de ces ministères pour les définir brièvement.

Apôtre vient du verbe grec *"apostello"* qui signifie: "être envoyé". On peut alors comprendre qu'un apôtre, est quelqu'un qui est envoyé pour une tâche particulière. Le mot clé pour l'apôtre, c'est la tâche.

Un *prophète* est quelqu'un qui "déclare" un message reçu directement de Dieu. Le mot clé pour le prophète, c'est le message.

Evangéliste vient du mot grec, qui veut dire: "bonne nouvelle". Un évangéliste annonce la bonne nouvelle qu'est l'Evangile.

Un *pasteur* est un berger. Ephésiens 4:11 est le seul endroit dans la version anglaise King James (aussi bien que dans la version Segond) où ce mot est traduit par "pasteur"; partout ailleurs, le mot "berger" est utilisé. L'idée qu'on a tendance à se faire d'un pasteur, c'est celle d'un homme, en costume sombre, qui se tient sur une estrade le dimanche. Mais un berger prend soin du troupeau, tout simplement.

Le ministère du *docteur* est d'interpréter les Ecritures. Il n'enseigne pas une science religieuse ou une philosophie, mais la Bible. Ces hommes ont été établis dans l'Eglise pour interpréter les grands thèmes et les doctrines bibliques, et montrer comment ils s'associent entre eux.

LA FONCTION DES MINISTERES

Au verset 12, nous voyons les fonctions principales de ces ministères. Dans la version Segond, nous lisons: "pour le perfectionnement des saints. Cela en vue de l'œuvre du service..." Toutefois, dans le texte original, il n'y avait pas de ponctuation de ce genre, et l'utilisation de la ponctuation reste la seule responsabilité du traducteur. Je pense, tout comme les traducteurs des versions modernes, que le point entre les mots "saints" et "cela" ne devrait pas exister.

Voyez-vous comme cela en change le sens? Le but principal des ministères n'est pas de produire des saints parfaits, mais de les équiper pour le travail du ministère. Retranscrivons ce verset pour y lire: "Pour équiper les croyants à faire leur travail". En d'autres termes, les cinq ministères ne font pas tout le travail, mais ils équipent les croyants à faire l'œuvre du ministère. C'est assez différent de l'idée répandue du "serviteur de Dieu" professionnel et rémunéré pour faire tout le travail dans l'Eglise. Ceux qui réussissent véritablement sont ceux qui peuvent se retirer et laisser les croyants continuer l'œuvre eux-mêmes.

Malheureusement aujourd'hui, surtout en Amérique, la plupart des croyants sont dépendants d'un ministère humain. Un homme prêche, organise, sert, pendant que les membres de l'assemblée jouent plutôt un rôle passif de spectateurs, qui n'ont jamais appris ni été motivés à développer leurs propres ministères.

Souvent, aussi, cette même erreur a été retransmise de l'Eglise "mère" au champ missionnaire "étranger". Les autochtones sont enseignés à dépendre des missionnaires. Si le missionnaire quitte le champ de mission, alors le travail se perd parce que les croyants n'ont jamais été enseignés à continuer l'œuvre eux-mêmes.

Le deuxième but des ministères est mentionné dans la deuxième partie du verset..."et de l'édification (la construction) du Corps du Christ".

LES BUTS ULTIMES DE L'EGLISE

L'Eglise de Jésus-Christ n'est pas statique. Elle est en marche vers trois buts spécifiques. Le verset 13 commence avec: "jusqu'à ce que...", ce qui indique qu'il y a quelque chose à atteindre dans l'avenir. "jusqu'à ce que nous soyons tous parvenus à l'unité de la foi". Cela devrait plutôt être: "jusqu'à ce que nous soyons tous parvenus, dans l'unité de la foi, à...". La version Segond ne le met pas en évidence. Au verset 3, nous voyons que nous sommes dans l'unité de l'Esprit, mais nous ne sommes pas encore dans l'unité de la foi, nous y marchons. L'Eglise est encore loin de l'unité de la foi; chaque prédicateur et chaque dénomination a sa propre version de la vérité.

"Entrer dans l'unité de la foi" est notre premier but. Notre unité doit être centrée sur quelque chose; et la phrase suivante, c'est: "la connaissance du Fils de Dieu". Je préfère traduire d'une façon plus littérale "la reconnaissance du fils de Dieu". C'est en "reconnaissant" Jésus-Christ que nous parvenons à l'unité. C'est en reconnaissant Jésus comme Sauveur que nous recevons le salut; c'est en reconnaissant Jésus comme notre Médecin que nous recevons notre guérison, et ainsi de suite. Alors que nous confessons Jésus dans chaque aspect de sa personne et de son ministère, il devient le centre de notre unité.

Esaïe 52:8 nous donne une belle image de la restauration de cette unité: "C'est la voix de tes sentinelles! Elles élèvent la voix, elles poussent ensemble des cris de triomphe; car de leurs propres yeux elles voient l'Eternel revenir à Sion". Le retour à Sion est le temps de la restauration du peuple de Dieu, temps actuel. Les sentinelles sont les personnes ouvertes au Saint-Esprit et à ce que Dieu est en train de faire. Remarquez qu'elles vont ensemble élever leurs voix et voir de leurs yeux. Chanter ensemble, c'est être en harmonie, et voir de leurs yeux, c'est avoir une même vision.

Il fut un temps où je n'aurais pas pu servir au côté de beaucoup de frères de différentes branches de l'Eglise - catholiques et protestants - comme je le fais aujourd'hui. Dans le passé, il y aurait eu beaucoup trop de lignes de démarcation doctrinales et "dénominationnelles" nous séparant; mais aujourd'hui, nous parvenons à être d'accord principalement parce que nous avons la même vision. Dieu est en train de ramener Sion de la captivité. C'est son œuvre et nous devons dire que c'est une merveille à nos yeux.

Alors que nous parvenons à cette unité, nous commençons à entrer dans le deuxième but de l'Eglise: "à l'état d'homme fait". Je préfère "d'homme mûr" qui est une meilleure traduction. Cela signifie que nous ne sommes plus des enfants. Il nous faut grandir spirituellement. C'est vrai, non seulement individuellement, mais aussi collectivement en tant que Corps.

Revenons à la troisième partie du verset 13: "... à la mesure de la stature parfaite de Christ." C'est le troisième but du Corps. Le mot "parfait" indique un état de plénitude. Dans ce sens, l'Eglise devrait être capable de représenter complètement Christ dans sa personne et son ministère.

L'ALTERNATIVE

Voilà le plan de Dieu pour l'Eglise[5]; mais il y a le choix présenté par l'ennemi et dont nous avertit le verset 14. D'abord, Paul dit: "... de ne plus être des enfants..." Il veut dire des bébés. Un bébé est mignon quand il a six mois; pourtant, s'il agit encore de la même façon à l'âge de six ans, c'est dramatique, c'est alors un enfant retardé. Nous pouvons soit grandir soit devenir retardé. Dans ce dernier cas, nous serons: "flottants et entraînés à tout vent de doctrine". Ceux qui sont spirituellement retardés sont aussi instables.

Cela nous amène à la deuxième possibilité que nous propose le diable: l'instabilité. Chaque fois qu'un vent souffle et amène une nouvelle doctrine quelconque, nous voyons qu'il entraîne les bébés spirituels avec lui: "Les Enfants de Dieu"... "Les Fils Manifestés"...

---

[5] Vous pouvez trouver une étude complète au sujet de l'Eglise dans la série des livres/brochures 'L'Eglise et les ministères'.

Quel sera le suivant?

La troisième tragédie, c'est la séduction. "... flottants et entraînés..., joués par les hommes avec leur fourberie et leurs manœuvres séductrices". Chaque fois que vous entrez dans une expérience spirituelle, que ce soit le salut ou le baptême du Saint-Esprit, il y a ceux qui vous attendent pour vous séduire; l'avez-vous réalisé?

John Wesley a écrit dans son journal quelque chose qui m'a profondément touché: "Amener des gens à la conversion et ne pas les suivre pour les instruire revient à engendrer des enfants pour les livrer au meurtrier". Derrière ceux qui cherchent à vous séduire, il y a le "meurtrier" qui s'affaire à séduire l'humanité depuis des années. Il sait comment s'y prendre!

La seule façon d'éviter le retardement spirituel, l'instabilité et la séduction, c'est d'avancer en reconnaissant Christ dans l'unité de la foi, dans la maturité et dans la plénitude. Il n'y a pas de troisième alternative!

L'apogée de tout le processus se trouve aux versets 15 et 16 et elle vient avec: "... professant la vérité dans la charité". Le message de ce texte, c'est d'être honnêtes les uns avec les autres dans l'amour. La vérité sans amour n'est pas bonne; elle blesse et fait mal. Mais l'amour sans la vérité c'est de l'eau de rose, c'est sentimental et trompeur. "Les blessures d'un ami prouvent sa fidélité" dit la Bible, "mais les baisers d'un ennemi sont trompeurs" (Prov.27: 6).

L'APOGEE

L'apogée glorieux du processus de maturité se trouve au verset 16: "De lui (Jésus-Christ) le corps tout entier bien ordonné et cohérent, grâce à toutes les jointures qui le soutiennent fortement, tire son accroissement dans la mesure qui convient à chaque partie, et s'édifie lui-même dans l'amour". C'est une phrase longue et compliquée, et beaucoup de gens n'en comprennent pas vraiment le sens. Qu'est-ce qui édifie le Corps? Quel est le sujet de cette phrase? C'est le Corps! Regardez de plus près: c'est le Corps qui fait grandir le Corps, pas les ministères..., le Corps s'accroît par lui-même.

Vous pouvez résumer cette image en trois mots: état de plénitude, unité et force. "Le Corps tout entier", c'est l'état complet; "bien ordonné", c'est l'unité; et "cohérent", c'est la force. Le premier aspect de cet apogée, c'est l'état complet, l'unité et la force.

Nous trouvons en second point que cela implique chacune des "jointures" et chacune des parties du Corps. Chaque membre doit fonctionner efficacement, bien à sa place, avant que tout le Corps puisse présenter cet aspect.

Troisièmement, si ces conditions sont remplies, le Corps s'édifiera lui-même. Dans des conditions correctes, le corps de Christ grandira tout naturellement.

Remarquez que Paul parle des jointures. Je suggérerai que les jointures parlent des relations interpersonnelles. C'est exactement comme les jointures de mon corps. Je peux avoir une très bonne santé et des os solides, mais si ces derniers ne sont pas joints ensemble, ils ne peuvent fonctionner. Peu importe la force et la santé que nous pouvons avoir individuellement dans le corps de Christ, si nous n'avons pas entre nous des relations bonnes et correctes, le Corps ne pourra pas fonctionner.

Nous trouvons un passage parallèle dans Colossiens 2:19, qui parle non seulement des jointures, mais aussi de "jointures et d'articulations". Je considérerai les articulations ou les liens comme des attitudes générales. Les Ecritures mentionnent deux grands liens: l'un est le lien de la paix, dans Ephésiens 4:3, et l'autre est celui de l'amour, dont parle Colossiens 3:14. Ce sont là les attitudes générales qui rendent possible l'unité du Corps.

Ezéchiel, au chapitre 37 nous donne une très belle image de ce que Dieu est en train de faire aujourd'hui dans l'Eglise. Rappelez-vous, cela se passe dans "la vallée des ossements desséchés". L'image représente le peuple de Dieu - dispersé, en exil, perdu, désespéré, malheureux et mort. Ezéchiel avait reçu une révélation de Dieu qu'il devait prophétiser sur ces os. Au verset 7, nous lisons aussi: "Je prophétisai, selon l'ordre que j'avais reçu. Et comme je prophétisais, il y eut un bruit, et voici qu'il y eut un frémissement, - et les os s'approchèrent les uns des autres".

C'est à peu près là où l'on en est aujourd'hui; il y a beaucoup de bruit - il y a un grand bruit d'excitation - et chacun dit: "N'est-ce pas merveilleux! La vie revient dans l'Eglise!" Les gens se retrouvent partout à prophétiser et à parler en langues, à être délivrés et à aller aux réunions de prières. Mais c'est seulement le bruit et le remue-ménage des étapes préliminaires.

Dans la prochaine étape, nous voyons les os se rapprocher les uns des autres. Les gens commencent à trouver leur place et leur fonction dans le Corps et à avoir de bonnes relations les uns avec les autres. La base de l'union sera la fonction, et non pas la dénomination ou la doctrine. Nous serons unis dans un but ou une vision commune. Cela n'a aucune importance si vos os proviennent d'un cimetière baptiste, d'un cimetière catholique ou d'un cimetière pentecôtiste. Quand les os seront unis, ce ne sera pas sur la base du cimetière d'où ils proviennent, ce sera sur la nature de leurs fonctions dans le Corps. C'est ce qui nous attend.

Ensuite, Ezéchiel prophétisa une fois encore - et les os furent recouverts de nerfs, de tendons, de chair et de peau; ils devinrent des corps, mais toujours sans vie. Il prophétisa encore et l'Esprit entra dans les corps; et ils se tinrent sur leurs pieds en une très grande armée. Voilà notre apogée et notre but. De nos jours, des croyants de chaque région se reconnaissent les uns les autres et prennent leur place dans des églises locales qui sont le Corps dans ces régions. Quand ces églises locales seront formées, alors - pour accomplir la phase finale de la vision d'Ezéchiel- le Saint-Esprit agira dans ces corps au complet, et l'Eglise de Jésus-Christ se lèvera et sera révélée au monde - comme une très grande armée!

Du même auteur:
Bénédiction ou malédiction: à vous de choisir!!
Ils chasseront les démons
Faire face à nos ennemis: la sorcellerie, ennemi public n° 1
Le remède de Dieu contre le rejet
Prier pour le gouvernement
Les actions de grâces, la louange et l'adoration
Votre langue a t elle besoin de guérison?
Le flacon de médicament de Dieu
Le mariage: une alliance
Dieu est un Faiseur de mariages
Le plan de Dieu pour votre argent
L'échange divin
La série des fondements de la foi, vol. 1, 2 et 3
Le Saint-Esprit, oui! Mais...
La destinée d'Israël et de l'Eglise
La sorcellerie, exposée et vaincue
Réclamer notre héritage
Comment trouver le plan de Dieu pour votre vie
Comment opère la grâce?
Le baptême dans le Saint-Esprit
La terre promise, la parole de Dieu et la nation d'Israël
Votre marche avec Dieu
Un caractère à toute épreuve
Le chemin dans le saint des saints
Faire face à l'avenir
Où trouver la sécurité?
Et autres (mars 2007, 82 titres)
A commander chez l'éditeur, ou chez votre librairie chrétienne.

Ecrivez à notre adresse pour recevoir gratuitement un catalogue de tous les livres et de tous les messages audio et vidéo/DVD de Derek Prince:

DEREK PRINCE MINISTRIES FRANCE
9, Route d'Oupia, B.P.31, 34210 Olonzac FRANCE
tél. (33) 04 68 91 38 72 fax (33) 04 68 91 38 63
E-mail   info@derekprince.info * www.derekprince.fr

Demandez de l'information sur le Cours Biblique par Correspondance de Derek Prince!

www.ingramcontent.com/pod-product-compliance
Lightning Source LLC
Chambersburg PA
CBHW060604030426
42337CB00019B/3601